N.E.: Esta fábula é uma história feliz e confortadora sobre o significado do trabalho em grupo. Transformada em peça de teatro, foi apresentada em mais de 70 países. A peça dá apoio à campanha de conservação da natureza da escola ENO (Environment Online – www.enoprogramme.org / www.enobrasil.blogspot.com.br), através da qual estudantes plantaram milhões de árvores por todo o mundo.

Todos juntos
somos fortes

EDIÇÃO GERAL
Sonia Junqueira (T&S – Texto e Sistema Ltda.)

REVISÃO
Aline Sobreira

DIAGRAMAÇÃO
Tamara Lacerda

**Dados Internacionais de Catalogação na Publicação (CIP)
(Câmara Brasileira do Livro, SP, Brasil)**

Tiitinen, Esko-Pekka
    Todos juntos somos fortes / Esko-Pekka Tiitinen, Nikolai Tiitinen ;
tradução Pasi Loman e Lilia Loman. -- 1. ed. ; 1. reimp. -- Belo Horizonte :
Autêntica Editora, 2016.

    Título original: Kyyhkyn kysymys.
    ISBN: 978-85-8217-421-0

    1. Ficção - Literatura infantojuvenil I. Tiitinen, Nikolai. II. Título.

14-02090   CDD-028.5

Índices para catálogo sistemático:
1. Ficção : Literatura infantil 028.5
2. Ficção : Literatura infantojuvenil 028.5

@ GRUPO **AUTÊNTICA**

Belo Horizonte
Rua Carlos Turner, 420
Silveira . 31140-520
Belo Horizonte . MG
Tel.: (55 31) 3465 4500

Televendas: 0800 283 13 22
www.grupoautentica.com.br

São Paulo
Av. Paulista, 2.073,
Conjunto Nacional, Horsa I
23º andar . Conj. 2301 .
Cerqueira César . 01311-940
São Paulo . SP
Tel.: (55 11) 3034 4468

Rio de Janeiro
Rua Debret, 23, sala 401
Centro . 20030-080
Rio de Janeiro . RJ
Tel.: (55 21) 3179 1975

Esko-Pekka Tiitinen · Nikolai Tiitinen

Todos juntos somos fortes

TRADUZIDO DO FINLANDÊS POR: PASI LOMAN E LILIA LOMAN

1ª reimpressão

autêntica

A cidade tinha crescido. A velha Coruja se sentou na torre da prefeitura, lembrando sua juventude, quando seus amigos ainda passeavam pelos campos e ela podia assustá-los com suas investidas.

– Aqueles tempos de brincadeira eram maravilhosos! – a Coruja suspirou. – Você abria as asas, e a vida era uma grande festa. Hu-huu, ainda sobrou alguém aí embaixo?

Naquele exato momento, um pequeno pássaro esbarrou na coruja e pediu, desconsolado:

– Por favor, me ajude, sábia e gentil coruja! Mostre-me o caminho para a África, tenho de voltar imediatamente para lá.

– Eu sou gentil? Eu sou sábia? – a Coruja se deliciava com as palavras da Pomba.

– Bem, você será gentil se ajudar – disse a Pomba. – E será sábia se compreender o problema. Uma tempestade de areia me soprou para cá, e agora eu quero voltar para casa.

– Como posso ajudar você se a única coisa que consigo enxergar direito são minhas memórias? – perguntou a Coruja. – Minhas asas já estão pesadas, nem tenho forças para movê-las.

– Você está coberta de areia – observou a Pomba. – E se eu a limpasse?

– Obrigada – disse a Coruja. – Você me ajuda, e eu ajudarei você. Simples assim.

– É isso mesmo – concordou a Pomba. – Somos sábias e simples.

A Pomba passou a noite toda limpando a Coruja. De madrugada, a Coruja se levantou desajeitadamente e suspirou, alegre:

– Tive um sonho maravilhoso! Um anjo voava sobre minha cabeça, contando um lindo conto de fadas.

– Era eu – arrulhou alegremente a Pomba. – Agora experimente suas asas.

A Coruja abriu e agitou as asas.

– Obrigada, pequenina, por limpar minhas asas – exclamou. – Sinto-me leve como uma pena. Agora estamos prontas para começar a procurar seu lar.

A Coruja e a Pomba voaram sobre os telhados da cidade, sobre vilarejos, vales e montanhas. Mas quando um vasto oceano se abriu abaixo delas, a Coruja começou a se sentir cansada.

– Sua casa é longe demais. Precisamos descansar – disse a Coruja ansiosamente. A Pomba sentiu medo. O mar aberto se espalhava abaixo delas. Nem um único navio podia ser visto.

– Você vai ter de continuar – disse a Pomba, encorajando a amiga.

– Não posso continuar – disse a Coruja, abrindo as asas e se preparando para seu último voo. Então a Pomba se lembrou de uma canção que aprendera com sua irmã e cantou com todo o coração:

Se você precisar de ajuda, é só falar,
suas asas ficam leves se alguém ajudar:
os fortes podem levar os mais frágeis à terra,
os fortes dão aos frágeis o poder de fazer mais
se o vento estiver a favor.

Subitamente, um som borbulhante se elevou do mar. Do nada, uma grande ilha escura apareceu embaixo da Coruja e da Pomba, e as duas pousaram rapidamente. Logo a ilha cresceu mais, abriu sua enorme boca e disse:

– Das profundezas do mar, ouvi sua canção e subi imediatamente à superfície.

A Coruja e a Pomba perceberam que a ilha era, na realidade, uma baleia.

– Você nos salvou – disse a Coruja com gratidão. – Eu já me via entre os peixes. Nós estamos indo para a África.

– É para lá que estou indo também, para socorrer minhas irmãs e meus irmãos.

– Qual é o problema com eles? – perguntou a Coruja.

– Eu não sei ainda, parece que queriam dizer algo para os humanos – disse a Baleia. Talvez algum ser humano esteja precisando de ajuda.

Quando a Pomba, a Coruja e a Baleia chegaram à costa da África, na manhã seguinte, tiveram uma surpresa. Os quatro irmãos da Baleia estavam deitados na praia, exaustos e sedentos.

– Saiam daí imediatamente! – gritou a Baleia. – Vocês só podem viver na água!

– Não temos mais energia para nos mover – gemeu a caçula. – Nós queríamos dizer aos humanos que o mar nos pertence também, que nós também existimos!

– *Os mais fortes dão aos frágeis o poder de fazer mais se o vento estiver a favor!* – cantarolou a Pomba.

– Temos de agir rápido – disse a Coruja para a Baleia. – Jogue um pouco de água, balance sua cauda!

A Baleia não perdeu tempo. Rapidamente, agitando a cauda, levantou enormes ondas em torno dos irmãos. Durante todo o dia, ela jogou água na praia. À noite, as baleias estavam finalmente cercadas de água e puderam voltar para o mar.

– Nunca mais vão à terra novamente – disse a Baleia. – Teremos de achar outra maneira de fazer os humanos entenderem.

– Isso mesmo – disse a Coruja. – Fiquem na água, vamos precisar de vocês ainda.

A Coruja e a Pomba voaram, através de uma tempestade de areia, para o lugar onde ficava a árvore que havia sido o lar da Pomba. Mas agora só havia lá um grande deserto.

– Havia uma densa floresta aqui antes – suspirou a Pomba tristemente. Depois voou para o céu e começou a cantar:

– *Sou um pequeno pássaro e quero curtir a natureza em paz!*

As palavras da Pomba fizeram a Coruja sorrir.

– Onde há um desejo, há um caminho – disse a Coruja. – Eu quero a mesma coisa.

Tudo se acalmou, houve um momento de paz, e então uma rajada de vento chegou e disse:

– Não é minha culpa se a areia vem comigo. Faço todo tipo de coisa boa também: refresco quando está quente, forneço ventos para as velas das embarcações; não sou um vento mau.

– Mas os desertos! Lembre-se dos desertos! – disse a coruja, tossindo.

– Eu me lembro – disse o Vento. – Mas o que podemos fazer?

A Pomba teve uma ideia:

– Temos de plantar árvores. Mas onde podemos encontrar sementes? Não há nada por aqui.

– Logo vou embarcar numa viagem em volta do mundo. Posso levar a mensagem – disse o Vento. – Serei um verdadeiro redemoinho!

O Vento afivelou os desejos da Coruja e da Pomba em seu largo peito, torceu-se, virou-se alegremente e partiu. À velocidade de um furacão, levou a mensagem para todos os continentes, através de montanhas e oceanos. Por todos os lugares, espalhou uma brisa de boa vontade. Na América, o Vento sussurrou sua mensagem no ouvido de um puma; na China, ele a transmitiu a um panda; na Austrália, a um coala, e na África, a um gorila.

– *Os fortes dão aos frágeis o poder de fazer mais se o vento estiver a favor.*

Os animais se animaram tanto com a mensagem que decidiram começar imediatamente.

– Eu pegarei sementes de acácia – pensou o Puma.

– Eu plantarei sementes de eucalipto – resolveu o Coala.

– Eu pegarei uma semente de *obéché*, não há nada melhor do que essa árvore – pensou o Gorila.

– Eu pegarei sementes de pinheiro – decidiu o Panda. – O pinheiro é uma árvore festiva para todos.

O Coala decidiu atravessar o mar em uma balsa. Deitou-se sobre blocos de madeira e começou a remar com as patas, mas não era forte o bastante para lutar contra as grandes ondas. Cabisbaixo, o filhote de coala voltou para sua ilha.

O Puma, corajoso como era, pulou no mar, mas percebeu, após nadar apenas um metro, que não teria forças para chegar à África.

O Panda saiu caminhando, mas só conseguiu chegar até a praia, com o pelo grosso já fervendo por causa do calor.

O triste Panda ficou olhando para o sol que se punha atrás do mar.

O Gorila decidiu pedir carona. Ficou com o polegar esticado por cinco dias, mas ninguém lhe ofereceu um lugar.

Um mês se passou, depois outro. A Coruja e a Pomba já estavam preocupadas.

– Ninguém virá – disse a Coruja.

– Ninguém ouviu nosso apelo – completou a Pomba ansiosamente.

– Eu transmiti seu apelo para todos – disse o Vento. – Mas a viagem é longa, e não consigo trazê-los para cá.

Então o poderoso canto das baleias brotou do mar.

– *Os fortes dão aos frágeis o poder de fazer mais se o vento estiver a favor* – cantavam elas em coro.

– Vamos trazer os amigos para cá – prometeu a maior das baleias.

– O melhor *nabio* é uma baleia – balbuciou a menor delas.

Logo cinco costas negras corriam, lá longe, sobre as ondas no mar. E em apenas uma semana o grupo voltou. O Panda, o Puma, o Coala e o Gorila pareciam magníficas velas no dorso das baleias. Ao chegarem à costa, começaram a andar pelas montanhas a caminho do deserto. Cansadas, mas felizes, as baleias ficaram para trás, para descansar na névoa da manhã depois de cumprirem sua missão.

Chegando ao seu destino, os animais começaram imediatamente a trabalhar. Juntos cavaram um grande buraco e plantaram sementes. Depois, enquanto esperavam as árvores crescerem, cantaram em coro uma canção ensinada pela Pomba:

Nós temos um desejo comum,
queremos o abrigo das grandes florestas,
pois o abraço caloroso da Natureza
é a fonte da felicidade de cada um.

Agora era a vez do Sol se preocupar. Ele ouviu a canção dos amigos e disse: – Eu ofereço calor, mas nenhuma árvore pode crescer sem água.
– Onde será que podemos encontrar água? – perguntou a Pomba tristemente. – Nunca chove aqui. Vamos ter de chorar para regar a árvore? Nossas lágrimas não serão suficientes!

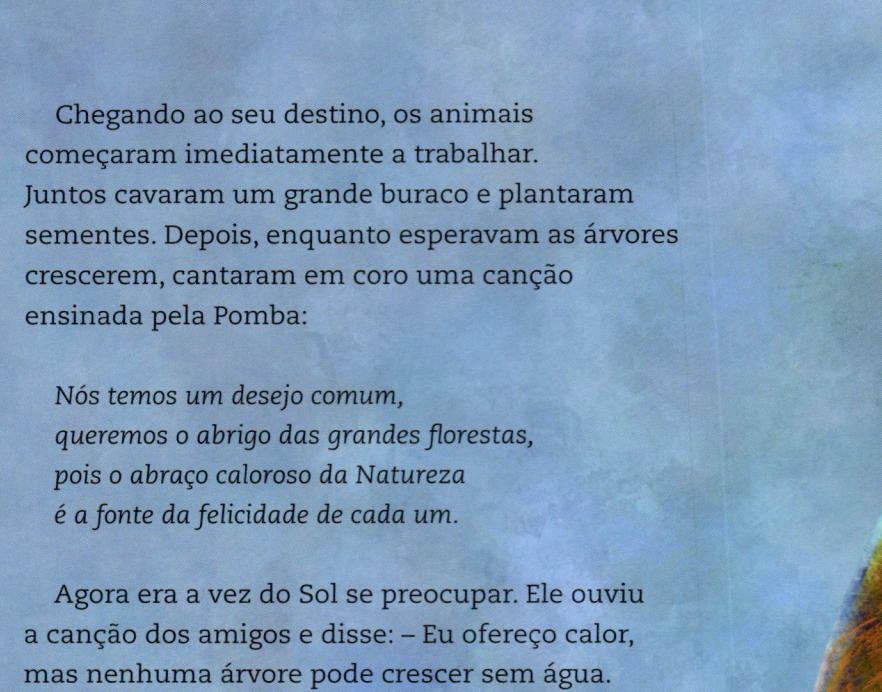

Mesmo assim, os animais choraram até o cair da noite, até finalmente dormirem, totalmente exaustos. Pela manhã, acordaram com os primeiros raios de sol. De repente, se agruparam, assustados: um pequeno bípede se aproximava pelo deserto.

A criança alcançou os animais, sorriu e disse:

– Ouvi vocês chorando e vim ajudá-los. Vocês estão com sede?

Todos balançaram a cabeça afirmativamente. A criança tirou um pote de barro da mochila.

– Há muito tempo, foi construído um poço em nosso vilarejo, é de lá que eu trouxe a água. Sirvam-se.

Os animais beberam e se animaram. Cada um deles também pôde derramar um pouco de água sobre as sementes.

– Aqui vai uma gota de água para o pequeno e o grande, vida nova para eles – disse o Coala, poético. – Nós protegemos a água.

– Nós protegemos o ar – disse o Panda.

– Nós protegemos as plantas – acrescentou o Puma.

– Nós protegemos os animais – sussurrou o Gorila.

– Nós protegemos o mar – cantaram as Baleias lá longe, no mar.

– São gotas de vida para os humanos também – disse a criança.

Naquele exato momento, um pequeno broto levantou sua cabeça da areia, olhou para todos e disse alegremente:

– Bom dia!

– Muitas felicidades, pequenino – disseram alegremente a Pomba e a Coruja. – Hoje é seu aniversário!

Os autores

ESKO-PEKKA TIITINEN (1956) é um autor e artista finlandês amplamente reconhecido. Seus talentos são admirados em diferentes campos profissionais, e ele já recebeu diversos prêmios literários. Tem uma carreira produtiva como escritor, diretor de teatro, roteirista, compositor, letrista e teatrólogo. Até a presente data, escreveu mais de vinte livros, várias peças de teatro, peças para rádio, libretos de ópera, *scripts* de TV e expôs seus trabalhos de arte na Finlândia e em outros países.

NIKOLAI TIITINEN (1988), filho de Esko-Pekka Tiitinen, é um artista e designer gráfico versátil e talentoso. Fez seu primeiro design de capa para o romance escrito pelo pai para adolescentes, Villapäät (2008), que ganhou o Finlandia Junior Prize, o mais importante prêmio literário da Finlândia. As ilustrações coloridas de Nikolai também aparecem em pôsteres de teatro e capas de disco. *Todos juntos somos fortes* (2010), o primeiro livro que ilustrou, ganhou o terceiro prêmio compartilhado no 9º Mikkeli Illustration Triennial.

Os tradutores

O casal LILIA LOMAN (1973) e PASI LOMAN (1976) são sócios-fundadores da Vikings of Brazil Agência Literária e de Tradução Ltda. Nascidos, respectivamente, no Brasil e na Finlândia, ambos têm doutorado pela Universidade de Nottingham, Inglaterra, e trabalham como tradutores do finlandês e do inglês, tendo realizado traduções para várias editoras brasileiras. São também proprietários da empresa de treinamento em idiomas Communicate English Training. Pasi é o representante do Instituto Ibero-Americano da Finlândia no Brasil, ponte de cultura e ciência entre a Finlândia e o mundo luso-hispânico.

Este livro foi feito com a fonte Caecilia LT Std
e impresso em papel couché 150 g/m² na Formato Artes Gráficas